1496583

BLAENAVON

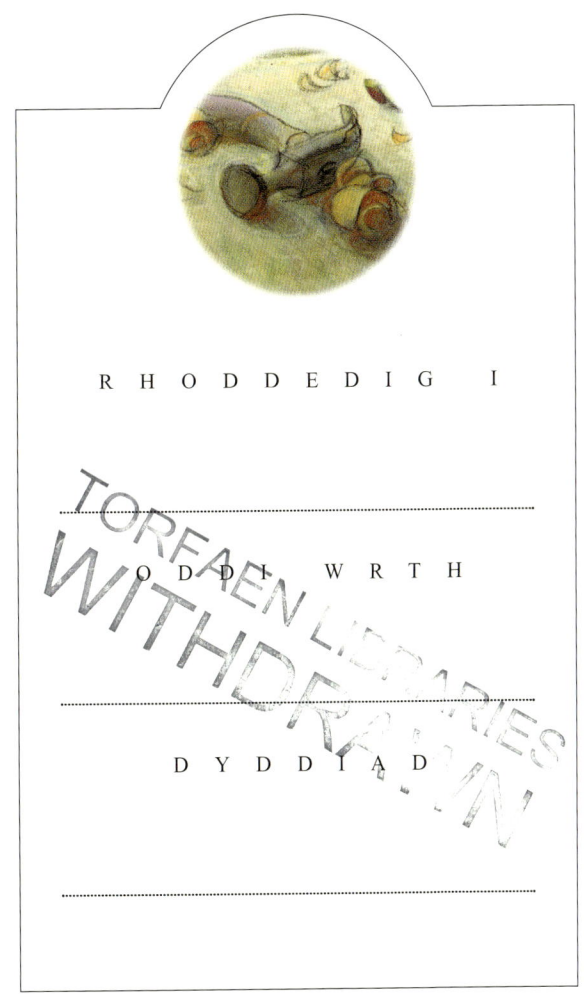

RHODDEDIG I

....

ODDI WRTH

....

DYDDIAD

....

Book No. 1496583

Rwyt Ti'n Arbennig

DARLUNIAU GAN SERGIO MARTINEZ

MAX LUCADO

ADDASIAD CYMRAEG GAN

ANGHARAD TOMOS

CYHOEDDIADAU'R GAIR

Rwyt Ti'n Arbennig
Testun ⓒ 1997 gan Max Lucado
Cyhoeddwyd yn wreiddiol yn 2004 gan Candle Books/Lion Hudson plc.
Argraffiad byd-eang:
Lion Hudson plc, Mayfield House,
256 Banbury Road, Oxford OX2 7DH
www.lionhudson.com

Hawlfraint yr argraffiad Cymraeg
ⓒ 2005 Cyhoeddiadau'r Gair
Cyngor Ysgolion Sul Cymru,
Ysgol Addysg, PCB, Safle'r Normal,
Bangor, Gwynedd, LL57 2PX.

Testun ⓒ 1997 Max Lucado
Darluniau ⓒ 1997 Sergio Martinez

Testun Cymraeg: Angharad Tomos
Golygydd Cyffredinol: Aled Davies
Clawr a chysodi: Ynyr Roberts

ISBN: 1 85994 542 2

Dymuna'r cyhoeddwyr gydnabod cymorth
Adrannau Cyngor Llyfrau Cymru.

Ni chaniateir copïo unrhyw ran o'r deunydd hwn
mewn unrhyw ffordd oni cheir caniatâd y cyhoeddwyr.

Argraffwyd yn Singapore.

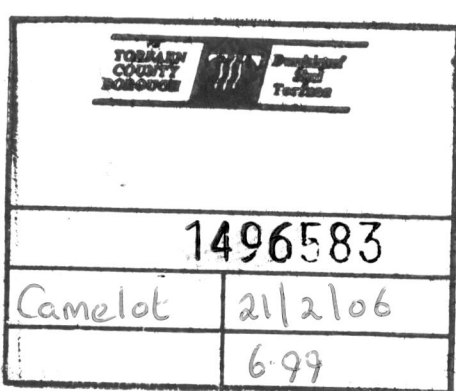

Rwyt Ti'n Arbennig

POBL BACH PREN oedd y Planciau. Naddwyd y bobl pren i gyd gan saer o'r enw Eli. Roedd gweithdy Eli ar ben bryn uwchben y pentref.

Roedd pob un o'r Planciau yn wahanol. Roedd gan ambell un drwyn mawr, ac ambell un lygaid anferth. Roedd rhai yn dal, eraill yn fyr. Gwisgai rhai het, gwisgai eraill got. Ond cafodd pob un ei greu gan yr un saer ac yr oeddent oll yn byw yn yr un pentref.

Pob dydd, drwy'r dydd, yr oedd y Planciau yn gwneud yr un peth. Yr oeddynt yn rhoi sticeri i'w gilydd. Roedd gan bob Planc focs o sticeri sêr aur a bocs o sticeri smotiau llwyd. Lan a lawr pob stryd yn y ddinas, treuliai pob un bob diwrnod yn sticio sticeri ar ei gilydd.

Câi y rhai del, y rhai llyfn, a'r rhai a beintiwyd yn gain sêr bob tro. Ond os oedd eu pren yn arw a'r paent wedi mynd, câi y rhain smotiau llwyd yn ddi-ffael.

Câi'r rhai talentog sêr hefyd. Llwyddai ambell un i godi ffyn mawr uwch ei ben, a llwyddai rhai i neidio dros focsys mawr. Gwyddai eraill eiriau hir neu gallent ganu caneuon tlws.

Roedd gan rai o'r Planciau lond gwlad o sêr arnynt! Pob tro y caent seren, roeddynt yn teimlo'n hapus tu hwnt. Roeddynt eisiau gwneud rhywbeth arall i gael seren eto.

Roedd y Planciau eraill yn methu gwneud fawr o ddim. Y rhain a gâi'r smotiau.

Pwnshinelo oedd un o'r rhain.
Ceisiodd neidio yn uchel fel y lleill, ond byddai'n syrthio ar ei drwyn bob tro. Ac wedi iddo syrthio, byddai'r lleill yn dod ato a sticio smotiau arno.

Weithiau, wrth ddisgyn, byddai'n crafu'r paent oedd arno, a byddai pobl yn rhoi rhagor o smotiau arno.

Wrth geisio egluro pam yr oedd wedi syrthio, dywedai rywbeth ffôl, a rhoddai'r Planciau fwy fyth o smotiau arno.

Yn y diwedd, roedd ganddo gymaint o smotiau fel nad oedd eisiau mentro allan o'r tŷ. Roedd arno ofn gwneud rhywbeth gwirion, megis anghofio ei het neu gamu i bwll dŵr, gan roi esgus i bobl roi mwy eto o smotiau arno. A dweud y gwir, roedd ganddo gymaint o smotiau fel y deuai pobl ato a rhoi smotiau arno heb fod ganddynt unrhyw reswm dan haul.

"Mae'n haeddu lot o smotiau," meddai'r bobl pren wrth ei gilydd. "Dydi o ddim yn berson pren da o gwbl!"

Ymhen tipyn, roedd Pwnshinelo yn eu credu. "Dydw i ddim yn Blanc da o gwbl," meddai.

Pan fyddai'n mentro allan o'i dŷ, byddai'n troi ymysg Planciau eraill oedd â llawer o smotiau. Teimlai'n fwy cartrefol yn eu mysg.

Un dydd, daeth ar draws un o'r Planciau oedd yn wahanol i bob un arall a welodd. Nid oedd ganddi sêr na smotiau. Dim ond merch bren oedd hi, a'i henw oedd Pricia.

Yr oedd digon o bobl wedi ceisio rhoi sticeri arni, ond doedden nhw byth yn sticio ar Pricia. Roedd rhai o'r Planciau yn ei hedmygu am lwyddo i osgoi cael unrhyw smotiau a byddent yn rhedeg ati i roi seren iddi. Ond fyddai'r sêr byth yn sticio arni. Edrychai eraill i lawr eu trwynau arni am nad oedd ganddi sêr, ac felly byddent yn rhoi smotyn iddi. Ond fyddai hwnnw ddim yn sticio arni chwaith.

Dyna sut y carwn innau fod, meddyliodd Pwnshinelo. *Dydw i ddim eisiau marciau pobl eraill arnaf.* Felly gofynnodd i Priciau ddi-sticer sut oedd hi wedi llwyddo.

"Mae'n hawdd," atebodd Pricia. "Byddaf yn mynd i weld Eli bob dydd."

"Eli?"

"Ie, Eli, y saer. Byddaf yn eistedd yn ei weithdy efo fo."

"Pam?"

"Dos i weld drosot dy hun. Dos i fyny'r bryn. Fan'no mae dod o hyd iddo."

Ac aeth Pricia oddi yno dan ganu.

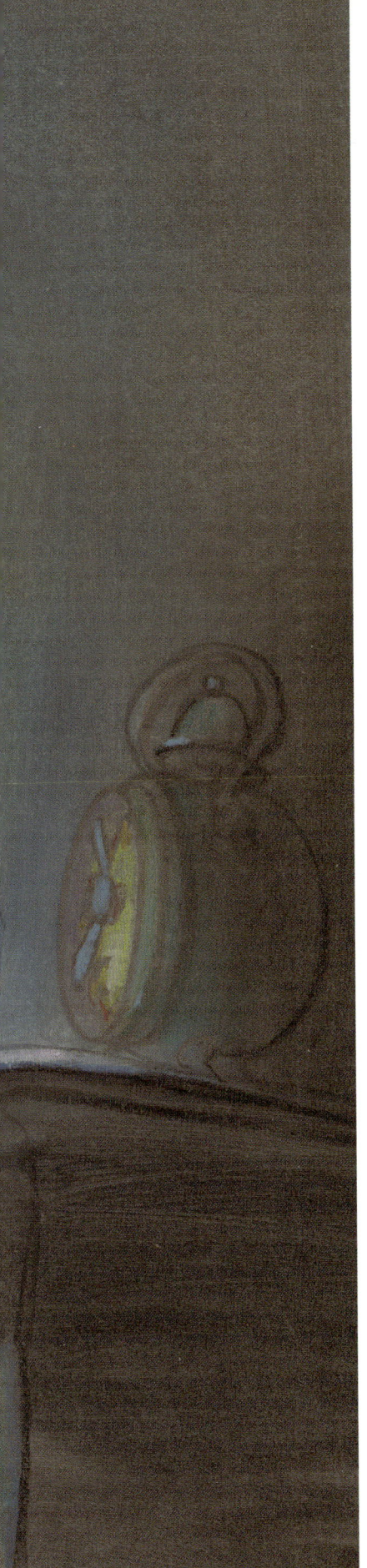

"Hmm," meddai Pwnshinelo, "Ond a fydd Eli eisiau 'ngweld i?"

Ni chlywodd Pricia mohono, felly aeth Pwnshinelo adref. Eisteddodd ar ei wely gan edrych drwy'r ffenest. Gwyliodd y Planciau yn rhuthro o gwmpas yn rhoi sêr a smotiau y naill ar y llall.

"Dydi o ddim yn deg," meddai wrtho'i hun. A phenderfynodd fynd i weld Eli.

Cerddodd i fyny'r llwybr cul i ben y bryn a mynd i mewn i siop fawr. Lledodd ei lygaid pren wrth weld maint popeth. Roedd y stôl mor fawr ag ef ei hun. Roedd yn rhaid iddo sefyll ar flaenau ei draed i weld uwch ben y fainc. Roedd y morthwyl cymaint â'i fraich. Crynodd ei bengliniau. "Dydw i ddim yn aros yma!" meddai a throi i fynd ymaith.

Yna clywodd ei enw.

"Pwnshinelo?" meddai'r llais dwfn.

Stopiodd Pwnshinelo'n stond.

"Mae'n dda dy weld, Pwnshinelo! Tyrd i mi gael golwg iawn arnat,"

Trodd Pwnshinelo mewn syndod ac edrych ar y saer mawr barfog.

"Mi wyddoch fy enw," meddai'r un bychan.

"Wrth gwrs, wrth gwrs, fi ddaru dy greu di."

Daeth braich fawr Eli i lawr a'i godi gan ei osod ar lyfr. "Hmm," meddai'r saer yn feddylgar wrth edrych ar yr holl smotiau llwyd, "mae'n ymddangos fel petait ti wedi cael llawer o farciau gwael."

"Nid fy mai i ydyw, Eli. Mi ddaru mi geisio mor galed i gael sêr."

"Twt, does dim rhaid i ti amddiffyn dy hun o gwbl. Dydw i'n hidio dim beth mae'r Planciau eraill yn ei feddwl."

"Go iawn?"

"Go iawn, a ddylet tithau ddim chwaith. Pwy ydyn *nhw* i roi sêr a smotiau i bobl eraill? Dim ond Planciau fel ti ydyn nhw. Dydi eu barn nhw yn cyfrif dim, Pwnshinelo. Yr oll sy'n bwysig yw'r hyn yr ydw i'n ei feddwl. Ac rydw i o'r farn dy fod yn arbennig iawn."

Rwyt Ti'n Arbennig

Chwarddodd Pwnshinelo.
"Fi, yn arbennig? Pam?
Ni allaf gerdded yn gyflym.
Fedra i ddim neidio'n uchel.
Mae'r paent sydd arnaf yn gwisgo.
Pam fyddech chi'n malio am rywun fel fi?"

Edrychodd Eli ar Pwnshinelo,
rhoddodd ei law ar ei ysgwydd
fach bren a siarad yn bwyllog,
"Oherwydd mai fi pia ti.
Dyna pam rwyf i'n malio amdanat."

Doedd neb wedi edrych ar Pwnshinelo fel hyn o'r blaen, yn enwedig y sawl a'i gwnaeth.

Ni wyddai beth i'w ddweud.

"Bob dydd, roeddwn i'n gobeithio y byddet ti'n dod," eglurodd Eli.

"Mi ddois wedi i mi gyfarfod rhywun heb unrhyw farc arni," meddai Pwnshinelo.

"Mi wn, hi soniodd amdanat ti," meddai Eli.

"Pam nad ydi'r sticeri yn aros arni hi?" gofynnodd Pwnshinelo.

Ac meddai'r saer yn addfwyn: "Oherwydd iddi benderfynu bod fy marn i amdani yn bwysicach na barn pobl eraill amdani. Wnaiff y sticeri ddim aros oni bai dy fod yn gadael iddynt."

"Beth?"

"Wnaiff y sticeri ddim aros arnat os nad wyt ti'n hidio amdanynt. Po fwyaf y byddi di'n ymddiried yn fy nghariad, lleia o ots fydd gen ti am y sticeri."

"Dydw i ddim yn deall."

Gwenodd Eli. "Mi ddoi di i ddeall yn y man. Mae gen ti lawer o farciau. O hyn ymlaen, tyrd i'm gweld unwaith y dydd i mi gael dy atgoffa faint o ofal sydd gen i amdanat."

Cododd Eli Pwnshinelo a'i osod ar y llawr.

"Cofia," meddai Eli wrth i Pwnshinelo gerdded allan, "rwyt ti'n arbennig am mai fi ddaru dy wneud di. A dydw i ddim yn gwneud camgymeriadau."

Cerddodd Pwnshinelo yn ei flaen, ond wrth glywed y geiriau, *meddyliodd fod Eli yn siarad o'r galon.* Ac wrth feddwl hynny, syrthiodd un smotyn oddi arno.